# 산은 새소리마저 쌓아두지 않는구나

# 차 례

## 제 3 부

제 1 부

# 조선교회에 보낸 예수님의 첫째 편지
## 금강경의 어법을 본따서

착하고 착하다 안드레아여,
내가 사랑하는 조선땅의
선남자 선여인들에게 이 편지를 띄운다.
네 생각이 참으로 옳도다.
그래, 나는 집도 없이 떠도는 나그네 떠돌이란다.
그 옛날 바울로가
빌립비의 선남자 선여인들에게 들려주던 얘기가
새삼 귀에 쟁쟁한 요즈음이다.
우주만물의 근원이신 하눌님과
본질에 있어 같은 내가
오히려 장돌뱅이 떠돌이 거렁뱅이 신세로
자진해서 십자가에 매달려 죽기까지
나를 비우고 또 비워 空卽是色이라
천지간 삼라만상 뭇 중생이 나를 주님이라 일컬어
하눌님을 찬양하였다고 바울로가 말했던 것,
너도 물론 기억하겠구나.

떠돌이인 이 몸이
오늘도 어제처럼 내일도 오늘처럼

땅끝까지 순례하면서 선남자 선여인들 만나
인생길 떠돌이길 순례길에 같이 가자 불렀더니
조선반도에서도 착한 백성들 고생길 순례길에
많이는 따라왔었지. 눈물나게 기쁘고 고마웠느니라.
그런데 말이다, 착하고 착한 안드레아여,
내가 처음 조선땅 용인에 있는 천주교 묘지를 찾아보고
참으로 많이는 가슴이 아팠느니라.
부잣집 무덤은 웅장하고 가난뱅이 무덤은 보잘것없는
여느 공원 묘지와 다를 것이 하나도 없더구나.
신부들의 묘지 또한 어째서 그리 크더냐.
옛날 임금의 능처럼 거만하게 솟아오른
주교들의 무덤은 또 그게 무슨 꼴이냐.
참으로 민망하고 민망할 따름이다.
들꽃처럼 숨어살다 겸손히 묻혀 있는 수녀들의 묘지들만이
겨우 내 체면을 살려주고 있더구나.
착하고 착하다 안드레아여, 네 생각이 어떠하냐.
얼마 전 입적한 성철의 죽음을 보면서
너는 무슨 생각을 했더냐.
연화대 불길 속에 미련없이 사라진 그에게

무덤이란 게 무슨 소용이겠느냐.
탁발하며 떠돌던 나에게도 무덤은 없다.
아리마테아 사람 요셉이
깨끗한 고운 베로 내 주검 휘감아서
자기가 죽으면 묻히려고 준비했던 무덤을
잠시 빌려주었기로, 거기 한 사흘 머물다가
거기도 과분하여 그냥 나와버렸다.
세상 살 때 떠돌이로 번뇌의 그 깊은 발자국마다
如來의 씨앗들 싹 틔우는 길 찾아
마음 비우고 살았는데 무덤인들 못 비우겠느냐.

실로 김대건 안드레아여, 옛날 금강경이 전하는 부처의
말마따나
나 같은 떠돌이를 따라 순례길에 나선 구도자인 너희들
에게는
발자취를 남기고자 하는 생각조차 남기지 않고
보시를 행하지 않으면 안되느니라.
나를 믿고 따르는 조선땅의
고맙고 고마운 선남자 선여인들이

큰 아파트 좋아하듯
커다란 무덤 좋아하는 것
나도 잘 안다.
새남터 캄캄한 하늘 아래
나 때문에 목 잘려 붉은 피 쏟은 네가 자란 땅,
그 옛날 서라벌 청청 하늘
우윳빛 하얀 피로 물들인 믿음의 아들 이차돈이 살던 땅,
내가 사랑하는 그 땅의 선남자 선여인들 잘 일깨워
빈 무덤의 깊은 속뜻 알리려면
너희들이 먼저 본보기를 보이거라.
착하고 착하다 안드레아여, 네 생각이 정녕 어떠하냐.


정처없는 순례길
지난밤 머리 뉘었던 미리내 근처 어느 길목
빈 무덤 뒤로 하고 새벽길 나설 때
때로는 풀잎 끝에 잠시 쉬는 떠돌이 빗방울 만나
시냇물 따라 함께 지줄지줄
나무뿌리 돌뿌리
뭇 중생 먼지 묻은 발가락도 말갛게 씻겨주고

色卽是空 공양하며 떠도는 황혼녘
연꽃 봉오리에 바람 건듯 일어선다.
윤회의 수레바퀴라도 슬쩍 밀어보고
너와 나 또 떠나자꾸나
착하고 착하다 안드레아여, 네 생각이 정녕 어떠하냐.

# 조선교회에 보낸 예수님의 둘째 편지
### 금강경의 어법을 본따서

착하고 착하다 김대건 안드레아여.
내가 사랑하는 조선땅의
선남자 선여인들에게 이 편지를 띄운다.
네 생각이 참으로 옳도다.
그 옛날 씻김굿 잘하는 큰무당 요한을 만나
요르단 강가에 나가 목욕재계하고
사십 주야를 굶주림과 추위로 떠는 가운데,
크게 깨친 바 있어 하늘나라가 가까웠으니
회개하라고 권면했던 것 네가 잊지 않았구나.
지금 이때야말로 참회와 회개가 절실한 때이니라.

석가세존이 들어올린 연꽃 한송이 그 깊은 속뜻
얼른 깨달아 알아차려 빙그레 엷은 웃음 웃으며
수행길 탁발길에 나선 마하가섭 같은 사람
갈릴레아 호숫가에 또 하나 있어
붕어 망둥어 건져 올리다가
어린양이 걸어오는 것 멀리서 보고
염화시중의 미소라
그물 내던지고 사람 낚는 어부 되겠다고 냉큼 나선 뒤로,

조선땅에서 네가 갓 쓰고 도포자락 휘날리며
나를 따라나서 첫 신부 되었을 때,
착하고 착하다 안드레아여,
천지간에 기쁜 소식 전하던 너 장대 끝에 잘린 목 매달려
갈가마귀떼 눈알 파먹는 신세 된 것 바라보며
내 가슴이 참으로 많이는 아팠느니라.

조선땅의 그 숱한 선남자 선여인들이
나를 믿고 따르다가 서양귀신 모신다는 대역죄로
주리 틀리고 능지처참 참혹하게 죽임당한 그 일들,
오늘날 누가 있어 누구에게 무릎 꿇고
머리 숙여 참회하고 사죄할까.
이런 부질없는 생각 중에,
뒤늦게나마 회개의 깊은 속뜻
깨달아 실천한 선남자 선여인들 몇몇 있어
오늘은 설법 아닌 설법 한마디 적어 보내마.
드넓은 바다 태평양 건너 북미대륙 캐나다땅에
연합교회 책임 맡은 사람들
인디언 원주민 원로들에게

참회의 눈물로 사죄한 일이 있었느니라.
1986년 팔월 보름날의 일이었지 아마.
그 다음해 동짓달 스무하룻날에는
미국 서북태평양지역 교회지도자들
인디언과 에스키모 원로들에게
머리 조아려 가슴 치며 사죄했고,
같은 해 미국 미네쏘타주에서도
나를 믿고 따르는 선남자 선여인들
화해의 희망 안고 참회의 사과문을 보냈느니라.
루터교, 침례교, 미국성공회, 그리스도의 연합교회,
장로교, 감리교, 또 천주교 따위
각자 입맛 따라 식성대로 이름 다를지언정
복음말씀으로 세상 공양하는 떠돌이 순례자들
너나없이 잇달아 눈물로 용서 청하는 것 보며
내 마음 적지 아니 즐거웠느니라.


서양식 문화와 관습을 복음의 깊이
넓이와 높이로 착각하고
원주민 신앙의 깊은 지혜와 영성에

귀먹고 눈멀어

원주민을 보살핌 받아야 할 어린애 취급하고

개화시켜야 할 야만인으로 구박하고

악의 구렁텅이에서 건져내야 할 이교도로 얕잡아 보더니

하눌님께서 축복 속에 창조하시고

보기에 참 좋으셨다 하신 그 아름다운 창조질서

짓밟고 엎어메치고 파헤치고

하눌님 들판에 벌거벗고 자유로운 원주민들

망측하다 옷 입혀 총 쏘아 짐승 잡는 기술 가르치니

그 모든 몹쓸 짓으로

다 함께 그만큼 궁핍해져

하눌님께서 바라시는 사람의 참모습

일그러뜨린 크나큰 죄

참회하며 용서를 청하고,


아브라함과 사라의 야훼님이며

연어 뛰는 강물에도 삼나무에도 살아 계시는 위대한 신
령님

하눌님이여 찬미와 영광을 받으소서

이런 기특한 기도 중에 원주민의 춤 함께 추며
상처의 치유와 화해를 눈물로 원했던 것,
내 마음에 참으로 깊이는 와 닿았느니라.

춤추는 망나니 칼날
서늘하게 목줄기에 받은
김대건 안드레아여,
내가 전하는 이 복음에 너의 감회
어이 착잡하지 않겠느냐.
난초도 제법 치던 대원군, 바보같이 바보같이,
儒家의 상투 하나 붙잡고 매달려 꿍꿍대던,
망건 탕건의 그 고집불통 데려다가
무릎 꿇려 한바탕 야단쳐주고
막걸리 호리병이라도 함께 기울이고 싶은
대보름 달밤이구나.
착하고 착하다 안드레아여, 그래 네 생각이 정녕 어떠하
냐.

# 조선교회에 보낸 예수님의 셋째 편지
## 금강경의 어법을 본따서

착하고 착하다 김대건 안드레아여.
내가 사랑하는 조선땅의
선남자 선여인들에게 이 편지를 띄운다.
요사이 낙동강물이 썩고 또 썩어
사람이 마실 수 없는 죽음의 물이 된 것 바라보면서
내 마음이 참으로 많이는 아팠느니라.

어디 낙동강물뿐이겠느냐.
핵발전소 이웃한 대동강은 어떻고
한강은 어떻고 청천강은
또 영산강은 어떠하냐.
목마른 사람은 다 내게 와서
마르지 않는 생명의 물로 목을 추기라고
내가 말했을 때, 이는 한낱 비유에 머무는 것 아니노라
나는 말 그대로 맑고 깨끗한 물,
맹물이 변하여 포도주 되는 생명의 물이니라.

나는 포도나무요 너희는 가지라고 말할 때,
나는 푸른 하늘이 알알이 들어와 박히는

포도나무 자체인즉,
너희가 포도나무 찍어낸 자리, 할미새 대신
골프공만 하늘에 날 때,
겨자씨 하나가
발암물질 독극물로 오염될 때,
하늘나라 생명나라가
죽음의 나라 되는 것 아니겠느냐.
공중의 새들 날아와 가지에 둥지 틀고 새끼 치는
커다란 나무 될 겨자씨 하나 못 사는 땅
거기가 곧 해골의 나라가 아니고 어디겠느냐

착하고 착한 안드레아여
행여 개천의 벌레들
뜨거운 물에 데일세라
개숫물도 식혀서야 버렸던
아낙네들 살던 곳
거기가 조선땅 아니더냐
나의 이름 몰랐어도 귀 밝고 눈 맑아
바늘귀 속으로도 능히 드나들던

이 작은 여래의 씨앗들
그들이 바로 너희들 믿음의 조상이었느니라

삼라만상 그 속에 하늘의 문이 있어
사닥다리 오르내리는 천사, 선녀들 거기 보이고
천하만물 하나하나에
하눌님의 지문이 찍혀 있어
지렁이 몸뚱이 쟁기에 두 동강 날 때
우주질서에 까마득한 심연 열리는 것
밝히 깨달은 선남자 선여인들이 살던 땅,
거기서조차
흙 죽고 강물은 썩어
천길 땅속 샘물도 말라
뽕나무 기어오르는 장수하늘소마저 비실비실―
십자가에 매달린 것은 나뿐이 아니구나

아름다운 초록별 지구가 지금
십자가에 못박혀
신음하는 저 소리,

저 소리가 들리지 않느냐
엘로이, 엘로이 레마 사박타니!
하눌님, 하눌님, 어찌하여 나를 버리시나이까!

보아라, 낟알 속에 타오르는
내 생명의 저 푸른 등잔들—
그 불씨 살리는 자, 더욱 많이 받아
큰 수확 거둘 것이나
그 불씨 꺼뜨리는 자, 나를 잃어
가진 것마저 빼앗기리라
착하고 착하다 안드레아여, 네 생각이 정녕 어떠하냐.

제 2 부

# 가을밤

깜빡 잊었구나
널어놓은 고추를 거둬들여야지
요즈음 가을밤은
별빛도 예전 같지 않다

땡볕에 꼬리 곧추세우고
탱탱히 약이 올랐던 전갈고추들

녀석들 배를 갈라, 황금씨앗
태양의 정자들을, 저기 별빛 흐릿한
전갈자리에 뿌려나볼까
먹다 남은 상한 단무지 같은
달이 뜬다

# 가을의 경주 들판

경주 들녘에 역사가 길게 누워 있다
눈 감은 지 오래된 그 여인의 가슴에
젖무덤은 아직 풍만하다
잠은 깊으나 젖샘은 마르지 않아
능 속까지 뻗어내린 실뿌리들이
금관에 맺힌 이슬도 빨아올려
금빛 낟알을 익힌다
여인의 가슴에 섬처럼 떠 있는
눈부신 무덤들 사이로
불란서 고속열차가 화살같이
박히리라는 풍문 속에
참새들만 무어라고 지껄이며 날아오른다
황금새떼 바라보는 허수아비의 눈이 아직은
生金빛이다

# 강화도

강화섬은 연꽃 같은 섬이다

비석 세우지 말라

꽃 가라앉는다

화력발전소라니 !

# 겨울나무

사람들이 옷을 껴입는 겨울에
왜 나무들은 옷을 벗을까

둥근 어깨며 겨드랑이
가지끝 실핏줄까지
청산리 자작나무는 왜 홀랑 드러내는가

눈송이 펄펄 꽃처럼 날리는 한밤중
춤출 수 없는 몸이라면 차라리
꼿꼿이 서서 얼어죽겠다?

깨질 듯한 하늘
찬바람 등등한 서슬에
낮달이 썩썩 낫을 가는 속수무책의 대낮,

겁먹고 숨죽인 봄햇살 유혹하려면
어쩌란 말이냐
무등산 겨울나무는 알몸의
신부가 되는 수밖에.

# 겨울새

나희덕 시인에게


겨우내 얼지 않는 폭포 뒤쪽 벼랑에서
겨울새 한마리가 둥지 틀고
맑은 알을 기른다

눈 덮여 가지 휘어진
나무들의 사타구니에도 눈이 소복하다
알들을 품속에서 굴려보는데
몸집 큰 눈덩이가 머리 위에 덮쳐
그를 눈 속에 파묻는다
도리질하는 그의 부리 끝에도
눈가루가 묻어 있다

길 잃은 물방울 몇이서 벼랑 위로 솟구치다가
전속력으로 떨어지는 물방울과
눈보라 속에서 이마받이한다
겨울새의 까만 눈동자에
두 겹의 노란 테가 둘려 있어
폭포의 속도에 금반지를 끼워본다

# 과　학

감꽃 필 때는 올콩을 심고
메주콩은 감꽃 질 때 뿌리느니라

밭고랑 두엄 속 그 캄캄한 아랫목에서
금빛 씨앗들이 때를 알아 눈을 뜨나니

# 그 섬에

끝내 닻을 감지 못했다

자작나무 물오르는 언덕 아래
젊은 무덤 하나 탱탱히 숨죽이고 있다는
너의 해안선
손끝에 퉁겨만 보고
아득히 가지 못했다
지금 눈 내린다

우연의 눈빛
천둥도 없이 마주쳐
황금사과 익어가는
너의 숲속

돛 달고 시퍼런 물살 갈라
눈감고 갔다
눈떠서 오는 그 길

지금 눈 내린다

하늘 버리고 내려와
겨울나무 꼭대기 까치집에도
눈은 쌓여, 이 세상
하늘만큼 환한 오늘
돛폭은 바람에 부풀어
출항을 재촉하는데

눈 그친 저녁이면 누군가
저녁해 붉은 빛에
몸 씻으러 나온다는 무덤가
바다가재보다 더 붉은
노을이 탄다
이제 잠행의 밤은 올까

가지 못해
낯익은 물결 너머
가지 않아 눈부신
너의 해안선

# 꽃
꽃은 외치지 않는다


가지 끝마다
눈꽃 눈꽃


달빛 밝아
얼었다 녹았다
동짓달 긴 긴 밤
솜이불 속
뜬눈의 잠꽃 눈꽃


흰 꽃송이
잠옷 벗는
겨울꽃 자리
물오른
푸른 허리


얼은 님 숨결 녹여
마디마디
붉은 꽃
피 터져 잠깬 꽃

32

# 김장철 아침

용달차에 무우들이 가득 실려간다
꼬리를 일제히 뒤로 한 하얀 무우 궁둥이가
영락없는 돼지 궁둥이다
옆에는 자름자름한 총각무우들이
너도 나도 갓난 새끼돼지같이
하늘로 꼬리 치켜들고 눈 꼭 감고
어미젖을 빠는 중이다
김장철 용달차 뒤를 따르다 보니
어디선가 개울물 똘똘 흐르고
박꽃 같은 까치울음 들릴 것만 같다

# 나 목

이파리는커녕
새 한마리 날아오지 않는데

묵은 가지들은 뒤틀리고
잔가지만 어린 뿌리 뻗어
허공에 잠들었는데

그 나무 아래
흰 저고리 검정 치마
애 업은 아낙네
누구를 기다리나

하늘도 땅도
회뿌옇구나

팔짱 낀 채 함지박 이고 가는
또 다른 아낙네
검정 치마 황토빛 저고리
붙박이 발길로

어디를 가나

눈도 오지 않는 납작한
박수근의 그림 속
노동과 기다림의 가지 끝마다
천근만근
없는 열매들

나무 한 그루 하늘 속에
뿌리 처박은 그 아래
검정 치마 흰 저고리
등에 업힌 아이야

네 숨결
허공 중에 새근새근
샘물이거라
봄의 실핏줄이거라

# 나팔꽃

하늘보다 먼저
하늘빛으로 깨어나

바람결에도
살점 묻어나는
갓난아기 살결이다가

아침 햇살에 힘살 박혔다 싶으면 벌써
이빨 빠진 할머니
오므린 입술이다가

이튿날 새벽보다 앞서
푸른 하늘 깔아놓는
단명한 꽃

지상 것치고
목숨 그리 짧은 것 어디 있으랴

# 난  초

꼬리깃털 초록빛으로 치솟아
푸른 힘이 포물선을 그린다

비늘 돋은 꽃대가 문득
수탉 다리처럼 허공으로 뻗치고
마디마디 꽃들의 노란 부리—

소리도 없는데 방안 가득
새벽닭 울음—
향기의 먼동이 튼다

# 남한산성의 망초꽃들

　남한산성에 가면 산중턱에 뜻밖에도 넓은 초원 펼쳐지고, 그 복판 사백년 묵은 느티나무 한그루 가슴에 구멍 뚫린 채 정정하다. 캄캄한 저 안에 무엇이 살까 어느날 그 구멍 속에 얼굴 대고 들여다보니 햇살의 해골들이 어둠속에 가득 쌓여 하얀 눈썹을 빛내고 있었다. 고목나무 주위에서 흰눈썹 망초꽃들이 도망을 치면서 풀섶 헤치고 산허리를 오르다가 자꾸 뒤를 돌아본다. 머리에 제각기 면사포 쓴 꽃들의 뒷모습 쫓아가다가 나는 나무 그림자 긴 뿌리에 걸려 넘어졌다. 망초꽃들의 눈썹이 입술에 서늘했다. 길을 잃은 바람이 와서 어서 일어나라고 어깨를 치는 바람에 망초꽃을 한아름 꺾어 고목나무 구멍에 넣어주고 꿈속을 두 바퀴 돌아 허둥지둥 산을 내려왔다. 뼈다귀들이 쫓아올 것만 같아 자꾸 뒤를 돌아보며 눈썹 껌벅이며.

# 남한산성의 밤

김길중에게

어디선가 개 컹컹 짖고, 별들은 성벽 쌓지 않고
억만년을 빛나, 긴 꼬리 살별 하나
산성 너머 도시의 어둠 위로 돌팔매질하는 듯

된장국 산채나물 막걸리 마신 뒤
개울물소리 헤치고, 밤길 따라 헛발 디디다가
논둑길 하나 넘으니, 눈부셔라! 개구리 울음소리
네 유년을 물수제비뜨는 소리―

태초 암흑에 큰 폭발 있어―그때 태어난 빛
개구리 울음에 깃들이었더냐

반딧불 날지 않는 이 밤
북두칠성 어디인가 하늘속 기웃거리면
첨벙첨벙 별똥 떨어지듯
개구리 뛰어드는 네 마음 들녘에
별들이 우쭐우쭐 못자리로 잘도 자란다

# 제 3 부

# 단풍연어

바다를 떠나 강물 거슬러
계곡을 따라 폭포 뛰어넘어

산골 시냇물에
알 낳으러 가자

가는 길 험한 길
오호라, 윗입술 휘어지고
등줄기에 힘살 박혀
온몸에 단풍 든다

심심산골 얕은 여울물
그 바닥 자갈돌들 맨몸으로 떼밀어
돌 틈에 알 낳고
모두 함께 세상 뜨자

우리의 여행길은 물결 위에
단풍잎 그득 떠내려가는
전멸의 길

자연의 낭비라 슬퍼 말라
산새들 멧새들 가시 발라
그 죽음 먹어 울음소리 눈부시다

얼음장 돌 틈에서
겨울 지낸 갓난아이들아
수정란에 박아놓은 까만 점
깜박깜박 너희들 눈알이다

봄볕이 왔다
송사리와 장난치며
어미들 왔던 길 되밟아
시퍼런 바다로 떼지어 가라

다시 강물 거슬러
너희들 붉은 알몸
폭포 위에 솟구치지 않는다면
온 산에 어이 단풍 들랴

# 며늘아기

고향 살 때
길 건너 추씨 댁에
김해 김씨 며느리 들어왔는데
시아버님 말끝에
늘 토를 달아
"쌀 한 말 여와라" 하면
"두 말 져오지요" 이런 식이라
화가 난 시아버지 어느날
"니가 매를 들어 니 종아리 쳐봐라" 하니
"내 참 더러운 매 맞는다"며
제 종아리 치는 그 며느리
"보자 보자 하니 거 참 요망스럽다"
시아버님 불호령에
"요임금 망해야
순임금이 나지요"
또 다시 토를 달고
종종걸음 내빼며 뒤돌아보는 눈길
얼마나 그윽한지
반듯한 가르마며

오늘 따라 눈썹은 왜 또 저리 고운고
괘씸한 우리 며늘아기

# 목화꽃

나영균 선생님께


양재동 꽃시장에서 사다가 뜨락에 내놓은
오지화분에 목화꽃이 피다니 !


지난봄에 정년 퇴임하신 선생님
한복도 잘 어울리던 모습 불현듯 떠올라
연구실 차린 오피스텔에 한 화분 보내고 싶었죠


마당 향나무에 서리 내린 날
하얀 목화송이에서 씨앗 바르며
목화솜의 신비에 폭신폭신 취했노라 떠벌렸더니
당신께선 정성이 부족해서 목화꽃을 죽였다고
민망해하셨지요


하얗게 피었던 꽃들은 하루가 지나자
분홍빛으로 물이 듭니다.
그 곁에서는 새 꽃봉오리들이
백제시대 왕관을 쓰고
잠에서 깨어나고,
꽃이 진 자리마다에서

마고자 단추 같은 목화다래
청옥빛으로 부풀더니 다시 터져
솜꽃이 동정보다 흽니다

볕 안 드는 오피스텔에서 목화꽃이 피리라
착각했던 건, 그 여름날 아침
목화꽃과 눈맞추던
매미울음의 푸른 이마 때문만이 아니었음을
두 번 꽃 피우는 목화꽃 바라보며 깨닫습니다

# 물결 사나운 날에

파도는 사나워야 한다
  태평양 건너는 파도는
    어느 파도보다

사나워야 한다
  황혼보다 더욱 숨죽인
    울음의 가슴 헤치고 갈아엎어

새길 내어야 한다
  태평양 머나먼 길 춤추며
    건너려면 물결 날뛰어야 한다

세상의 모든 사랑이 모여 숨죽이던
  그 겨울 한복판
    파도가 뿌리째

뽑힌다 희망과 절망이
  젖은 알몸으로 일어선다 햇살 속에
    폭포처럼 펄럭이는 하얀 기저귀의

우리 아가— 어디 있느냐 바람 거센 날
　물결 날뛴다 바다 깊이 눌러두었던 사랑
　　사나운 파도는 사나운

파도를 낳는다 하얀 이빨 드러내고
　껴안고 춤추다가 사납게
　　엎어지며 파도가 파도와

헤어진다 모르던 물결과 만난
　물결보다 더 기쁨의
　　파도가 어디 있으랴

사납구나 파도, 아아
　절망의 태평양 눈부신
　　뿌리가 뽑힌다

# 벚 꽃


꽃인 양 다소곳 능청떨기에
꽃들인 줄 알았지

겨우내 잠입하여
날개 접었다 폈다 매복중에
짝짓기하는
나비들일 줄이야


바람부는 바람에 발각되자
여릿여릿
**훨훨**
연한 꽃잎 살점 다
내던지며 하얗게
끝내 들고일서는구나
눈부신
반란
사나흘


파란 알 쓸어놓고

구름 너머로 나비떼 퇴각한 자리
햇잎들 몇이서 웃으면서 패잔병처럼
피묻은 창끝만 갈고 있다

# 봄날 어느 하루 북쪽 눈나라 생각

엊그제 우수도 지나 돌이킬 수 없는
봄이구나 했더니 오늘 흰 눈 날려 거기
북쪽 눈나라의 겨울날들 잊지 말라
잊지 말라 그리움 새롭습니다.

어떤 때는 바람 잔 날의 호수 같고
다른 때는 은어 뛰는 새벽강물로
목마르던 겨울우물 그 깊은
여울물소리, 그렇게 가슴 뛰던
목마름이 오늘 눈발 날립니다.

폭포는 질려 떨어져도
얼어붙지 않는데 강기슭에 물결
얼어터져 거북등판 이룬 오후,
얼음 위에 꽂히는
겨울 무지개 그 너머
첫눈의 살내음, 정결한 간음

음력 정월 아흐렛날 펑펑 봄눈

쏟아지는 날 보랏빛 제비꽃 몇송이
허공 뚫고 바다 건너와
가슴 과녁에 화살 박힐 때,

피도 못 흘릴 아픔에
목숨 파랗게 살아나
눈 속에 뒹구는 마음
알몸입니다.

빛의 깃털 소복이 벗어 개어놓은
자작나무 언덕 아래
그 눈부신 겨울우물
물 넘치는 소리—

이제야 알겠습니다
겨울 한복판에 목마름 샘솟아
겨울은 늘 우리들의 봄입니다.

# 불영사

누이들이 밤마다 호수처럼 잠자는 곳

열두 굽이 헤맨 발길
채마밭 만나
겨우 숨 돌리는 산중인데

호수 얼어붙어
내려오지 못한 별들은 하늘에 가득하고

누이들이 키우는 서른 마리 고양이들
부처님의 그믐달 눈빛으로 게으른 밤

천년 고목 은행알 따서 구워주던 누이들은
나그네들 위해 베개 머리맡에 하얀 새 양말 놓아주고

그 많던 어젯밤 별들
하나도 따갈 수 없어 섭섭하다 했더니

달과 함께 하늘의 별들 그득 담아

月星珠 목에 걸어주던
산속 큰누이의 차가운 손길

호수처럼 잠자는 누이들의 밤을 지키는
살금살금 그믐달 그림자이고 싶던
불영사의 별밤

# 산길 걸으며

등산로 입구
뭇 발길들이 꽝꽝 다져놓은
단단한 흙길

경칩 다음날 비 개인 아침
평시엔 딱딱하던 그 길은
는개비 가랑비에도
진흙 죽탕

그러나 그 입구 지나 산길로 접어들면
금세 푹신한 산허리 낙엽 밟힌다

발목까지 빠진 엉망진창 신발짝
눌눌한 억새 풀섶에
썩— 썩— 닦아 신고
한참 산길 걷다가
고개 들어 산을 본다

바람결에 얼핏

동박새 울음 같은 산새 소리

산은 새소리마저
쌓아두지 않는구나—

밟으면 밟을수록
풀밭은 더욱 푸르다지만
밟히고 밟힌 김에
스스로 밟고 또 밟아

꽝꽝 다져진 길
우리네 마음길
물 한방울 빠지지 않는
단단한 길

가랑비에 여우비에
진창길 된다

장마비 열사흘 퍼부어도

물 쑥— 쑥— 스며들어
늘 눅눅한 길
비가 와도
눈이 와도
산길은
진흙탕길 되지 않는다

# 벌 새

줄기 박차고 하늘을 떠도는
너, 모든 꽃들의 꿈

위 아래 앞 뒤 어디로든
날갯짓 자유로운 꽃팔랑개비

낳은 알 콩알만하니
아마 날아다니는 빨간 콩꽃

씨앗들이 일제히
낙하산 타고 날아오르는 숲의 오후
허공에 주삿바늘 같은 부리 박고
송사리 눈 깜박이며
숲을 온통 푸르게 부풀리는 너

호도알만한 둥지 속으로 숨어드는
시속 80km의 푸른 회오리바람

# 3월의 광화문

은행나무 가지끝마다
빗방울 새순 맺히는
비오는 3월 오후
교보빌딩 지나 건너편에 세종문화회관 세워두고
광화문 바라보며 옛 육조거리를 걸어간다
탁 트였다!
근정전 처마끝 낙숫물
귓바퀴에 맑게 듣는다
조선총독부 이름 바꿔 중앙청이라던가
그런 것 거기 있었던
기억조차 없다
가지끝에 걸린 찢어진 연 하나
간밤 바람결에 훌쩍 날아간 듯
북악산도 오래 전부터 천연덕스럽다

# 새로 옮겨본 雅歌 몇절과
# 마더 데레사

### 1

인간은 큰일을 할 수 없습니다
오직 큰 사랑으로 작은 일을 할 뿐입니다.

주는 일이 아픔이 될 때까지
아낌없이 주십시오.

### 2

이런 말들을 남기고 간
맨발의 마더 데레사를
사람들은 성녀라 칭송했다.

### 3

젊은 아가씨들 사이에 그대, 내 사랑
엉겅퀴 벌판에 핀 백합꽃이라(아가 2 : 2)
벼랑 틈 사이, 절벽의 그늘에 가려 있는 나의 비둘기여,

그대 모습 보여주오, 모두 보여주오 (아가 2 : 14)

4

"저는 길바닥에서 짐승처럼 살았습니다. 그런데 사랑과 애정에
둘러싸여 천사처럼 죽게 되었습니다." 인도 캘커타에서만도
지난 40년간 4만여명의 거지들이 마더 데레사 수녀의
보살핌 속에 죽어갔다.

죽음처럼 사나운 사랑이여
불티조차 훨훨 맹렬하게 모든 것 삼키며
넘실대는 사랑의 불길이여 (아가 8 : 6~7)

불교신자, 이슬람교도, 회교도,
천주교인, 개신교신자, 무신론자, 힐러리를 비롯한
선진국의 영부인들도 모두 참석한
이 주름살투성이 성녀의 장례식이

1997년 가을 어느날 CNN TV로 네 시간 동안 생중계될
때
　KBS, MBC, SBS는 코미디만 방영했다.


　　　　5


다시 한번, 술람의 아씨여,
다시 한번 춤추어라
네 춤추는 모습 보고 싶구나
공들여 세공한 순금의
그대 허벅지
그대 배꼽은 달님의 빛나는 술잔이라
거기 술 찰랑이거라(아가 7 : 1~3)


　　　　6


우리가 성녀와 동시대인이었다는 사실에
뒷날 사람들은 우리를 부러워하리라
다이애나 영국 왕세자빈과
악수한 사람의 행운을 부러워하듯.

시신과 함께 가난을 담아
하늘 향해 관을 들어올린
코끼리 맨발의 여인이여
이제는 내려놓으시라 그 관.

# 새벽 미사

눈 감으면
수평선 끝에서 물비늘을 터는
먼 나라의 종소리

배고픔의 바다 위로
송편 같은 달이 지고

저들은 누굴까
호숫가인지 해변인지
상머리에 둘러앉아
아침을 먹는 모습들

감았던 눈 다시 떠보면
어둠속에
촛불 몇개 아직 이른
새 하늘 새 땅

# 서리 내린 새벽

동지 가까운 날
서리 내린 새벽에
아이들 외갓집에 물 길러 간다

머리에 흰 수건 쓰고 이슬보다 먼저
새벽밭에 나와 앉은
주목나무 향나무 어깨 위에도
서리가 하얗다

산비탈에는 늦잠 자는 겨울 잡목들
그 사이로 찬바람이
흰 입김 몰아쉬며
숨가빠 내려오니

참나무 가지들이
흰 이빨을 슬쩍 드러낸다
은잿빛 팔뚝 바짝 당겨
새벽 장작이라도 패려는가

# 세한도

온양 온천물에 몸 닦고 길을 나선다
도착하니 집 밖에는
새떼들이 푸르게 웃다가 날아간
겨울나무 한 그루 서 있다

문지방 너머 맨땅 밟고 집안을 한바퀴 휘 돌다가
사랑채 곁 매화나무가 눈에 띄어 걸음 멈추니
정월 보름께 백태 희끗희끗 병든 가지에
수수알 튀긴 듯 꽃송이들 겨우 벙글었다

추사 고택 텅 빈 안채의 벽에 걸린
세한도는 복사판이다
잠 깊은 앞뜰의 작약들 뒤로 하고
시골길로 나선다

웅크린 농가들, 어느 집 모과나무는
이 겨울 한복판에 잎새들 가득하여
깜짝 놀라 자세히 보니
참새들이 다닥다닥 붙어 있다

경상도는 지금 폭설로
소나무 가지들이 찢어졌다는 뉴스—
뒷집 굴뚝에서는 흰 연기 피어오르지 않고
참새들만 후루루 낙엽 지듯 떨어진다

# 송광사의 눈

눈 내려 버스 끊긴 날
순천 송광사
젊은 중이 북을 친다

제 키 두 배도 넘는 커다란 북
처음에 두드리는 가장자리
뼈다귀 소리

빨라지는 손길 따라 막대기 두 개
쇠가죽 퉁겨
끝이 안 보일 때
이마에서 쏟아지는 땀방울
이윽고
한복판 난타해도
겨울나무들만 두리번두리번
눈 구경할 뿐

발 아래 개울물 튀어 좌르르
별 쏟아지던 여름밤도 그렇더니

지금은 얼어붙은 바위나 쳐야 되리
젖가슴 만지듯 아아
아름다운 혼이 운다
두드려도 두드려도

아득한 향기
열리지 않는
둥근 침묵

함박눈은 쏟아지는데
둥— 둥—
소리도 없이 쌓이는데

# 숯불 믿음

밖은 아직 어두워
성당의 색유리들
숯보다 더 깜깜하다

오늘도 어제처럼 또다시 꿇어앉은
김평준 디모데오 할아버지

지팡이에 기대어 질질
한쪽 다리 끌게 된 믿음
올해 나이 여든아홉

철들면서 성체 곁을 떠날 수 없어
구십 평생 여행 한번
변변히 못한 세월

성당 없던 공소 시절
다섯번째 회장으로 진흙탕에 발 빠지며
공소 예절 십리 길에
펄펄하던 팔다리 어제 같은데

숯쟁이들 숨어 천주님 모시던 숯골은 아니고
그 비슷한 옛 이름 청숫골인 이곳 어디 아직
깨끗한 물 숨어 흐르는가 알 수 없지만

디모데오 할아버지 마음속에 매일같이
숯불 믿음 발갛게 싹이 돋는
청담성당 새벽 미사

성체를 받아 모신 시각이면
몸 안팎 하늘에서 먼동이 트고
청담성당 색유리들 이글이글
참숯불이 타오른다

# 숱진 머리털

팔도강산 낚시터
안 가본 데 없는
모래내 노서방

마흔다섯에 일손 탁탁 털었다
이발소 때려치웠다

이젠 핼애비 노릇이나 할란다
상업학교 나온 아들놈아
애비 먹여 살려라
심장병 깊어
내일 죽을지 모레 꺼질지 모르겠다

그 노서방
집에 들어앉은 지 올해로
꼭 스물다섯 해
삼백예순날 흰 와이셔츠
넥타이 차림에 나들이 나간다
어딜 가나 술 더 가져와라

무슨 반찬이 이리 시시하냐
씽씽하구나
노인정 간다

파출부 나간 마누라
이빨 다 썩어도
못 나게끔 이빨은 왜 문드러져
내 참 별일이여
손가락 까딱 않는다
밥상에 식구들 다 둘러앉아 기다리는데
황혼이 꼬리 감출 때까지
동네 한바퀴 할 일 없이
어슬렁어슬렁
오늘도 군상 차리게 한다

한때는 솜씨 소문난 이발쟁이
세상 머리칼 수없이 만진 탓이더냐
숱진 머리털 여전히 빼곡하다

# 수선화 둥근 뿌리

찬바람 서성대는 10월의 뜰에
수선화 둥근 뿌리를 묻는다

서리 묻은 풋사과들
숫처녀 가슴인 양 향기 봉긋한 저녁

허연 수염 늘어뜨린
수선화 뿌리들을 흙속에 묻는다

깜깜한 구덩이 속
늙은 알몸들의 뼈저린 겨울잠

살얼음 지피는 초봄 아침
고개 꺾고 금빛 꽃 피울 날, 아득해라

없는 바람결도 어느새 알아채고
온몸이 춤이 되는 꽃

# 11월

골짜기 환하게 불 밝히던 단풍들이
재도 없이 꺼져버린 11월이 오면은
우리 집 호랑가시나무
푸른 발톱 잎새 사이사이
좁쌀 강냉이꽃 튀겨댄다

때아닌 향기 마당에 가득하니
멀리 큰 산이 작은 산 어깨 너머로
늦벌들 붕붕대는 뜰 안을 기웃거린다

찬비 온 뒤 물 넘쳐 연못 맑아지고
감나무 해묵은 가지끝
여름이 커다란 날개를 접는 하늘가
홍시들이 다투어 연등불 내다 건다

제 4 부

# 아궁이 속

이삭 덜 털린 볏짚 쑤셔넣으면
아, 빠알간 비단 펼쳐지고
매화꽃들 별처럼 터지던
어린시절의 아궁이 속—

내일은 누가
저녁놀 속에 나를 던져

어느 밤하늘에 샛별 뜰까

# 아, 오월

파란불이 켜졌다
꽃무늬 실크 미니스커트에 선글라스 끼고
횡단보도 흑백 건반 탕탕 퉁기며
오월이 종종걸음으로 건너오면

아, 천지사방 출렁이는
금빛 노래 초록 물결
누에들 뽕잎 먹는 소낙비 소리
또다른 고향 강변에 잉어가 뛴다

# 안　개

어디선가 누가 향을 피우나보다

안개 덮인 겨울숲을
꽃동네 키 큰 수녀님이
비행기에 태워 보낸 뒤로는

산비탈마다 안개
막막한 안개

이 산 저 산 눈 비비며 찾아가도
땅 하늘 아득히 깊어지고

거기 향을 피우는 거 누구시오

솔잎 끝 거미줄들
안개 속 물방울 사로잡아
아슬아슬 다 보인다

내 마음 덩달아 거미줄에 걸려

그물침대 흔들흔들
나비보다 가볍게 할딱이면
첫 키스의 떨림인들
이리 환하랴

안개 해일 일어
다시 은총의 바다
새싹빛 애벌레들 눈뜬 연한 잎새
눈감고 먹는 것, 그 옆구리 푸른 점들
섬처럼 빛날 때

안개 적삼 엷게 가려
하늘 땅 아득히 살이 비치는
은총의 품속
거기 몸 맡기고 걸어가면

이 환한 숨막힘
무엇에 실어
누구에게

다시 보내랴

어디선가
누가 향을 피우나보다

# 어머니

춘분 가까운 아침인데
무덤 앞 상석 위에 눈이 하얗다

어머님, 손수 상보를 깔아놓으셨군요
생전에도 늘 그러시더니
이젠 좀 늦잠도 주무시고 그러세요
상보야 제가 와서 깔아도 되잖아요

# 어떤 채식주의

한국의 젊은이 둘이서
아프리카에 무전여행 떠났것다
무전여행이라 돈 벌어가며 돌아다니려고
붕어빵틀과 국화빵틀도
치약 칫솔과 함께 배낭에 넣고 갔것다.
탄자니아 어느 동구밖에
모닥불 피워 풀빵틀 걸어놓고
붕어빵, 국화빵 구워내는데
동네 조무래기들 아주머니들
처녀들 총각들 하얀 이빨 드러내고
까맣게 웃으며 구수한 냄새에 이끌려
어슬렁어슬렁 모여드는데
따끈따끈한 붕어빵
이리 뒤척 만져보고
저리 뒤척 냄새 맡아보고
손때 다 묻도록 쓰다듬다가
붕어 눈에 눈맞춰보고 그냥
내려놓을 뿐, 옆에서 익어가는
국화빵만 사는구나

하릴없이 식어버린 붕어 한마리
자기 입으로 가져가던 병수가
국화빵 다섯 개
나뭇잎에 싸고 있는 동철에게
퉁명스레 내뱉는 한마디
젠장, 세상에 붕어빵 안 먹는
채식주의도 다 있네, 인심 한번
관세음보살이여

# 연  꽃
이별의 신비


연꽃봉오리
부풀리고 자취 없는 손길
어디 있을까

꽃봉오리 젖꼭지엔 아직 젖은 진흙
지문도 또렷한데
내일 꽃송이 벌어질 때

맑게 손 씻고
물밑에서
올려다보고 있을까 그이는

바람결에 등만 보여줄 꽃송이
수면에 캄캄하리
꽃 그림자

스스로 눈부시거라
이젠 타인의 몸

# 연 잎
만남의 신비


떠돌이 빗방울들 연잎을 만나
진주알 되었다

나의 연잎은 어디 계신가,

나는 누구의 연잎일 수 있을까

# 이삿날

이삿짐 나가고
텅 빈 방이
말할 때마다
우르르르 울린다

품고 있던 자식들
하나 둘 날아가면
깃털 몇개 흩어진
가슴속 빈 마루만
우르르르 울리려니

귀뚜라미, 흰눈썹황금새
모두 사라지고
대동강, 다뉴브강의 푸른 물결
꺼멓게 썩어
지상에 사람만 남고
잉어와 메기도 철새 따라
흰 구름 너머 이사간 날
지구는 메아리도 없이
우르르르 어이 우나

제 5 부

# 잠자리의 노래

날개 끝자락
수면에 닿을 듯 드리우고
구름 보며 넋없이 앉아 있는데
허리께로 출렁이는 손길

파르르
날아올라— 뒤돌아보니
목마름 넘치는 호수 물결

당신이 날 만졌잖아요

물속 기어다니던
어린시절 지나가고
탈바꿈의 캄캄한 별밤 건너
맑은 당신 눈동자에
갓 펼친 날개 비추어보던 첫날
당신은 내 날개가
성당의 색유리 무늬 같다고
놀라면서 바라보셨지요

저녁놀은 불타고
목마름은 넘쳐
바람도 없는데
출렁이는 당신의 눈동자

목마름 모르던 이 몸
오늘 이렇게 당신 출렁이니
당신 물가에 더욱 가고 싶어
날개가 떨려요

당신이 날 만졌기 때문이어요

꼬리끝 물속에 담그고
당신 기슭에 내려앉을 날
내일인가요
어제였나요

# 재의 수요일

돌 틈에 물 녹는 얼음 벼랑 옆
눈 속에 이끼가 파란 2월 중순

오리나무, 팥배나무,
산딸나무 가지마다
꼼지락꼼지락 슬며시
수갑 풀어 새순 돋는 소리
손 곱고 목이 시려
버들강아지 털목도리 둘렀다
아직은 착한 죽음을 연습할 시간

새벽 산으로 가자
이마에 재 받으러 가자

골짝마다 은밀하던
겨울 대장간 소리
햇살 끌어들여 불지펴
열쇠 몇개 벼리던
날개 소리

가지끝에도 돌절벽에
잠시 잠든 이 새벽

산으로 가자
이마에 재 받으러 가자

# 저녁 바다, 아침 바다


황혼녘 해변에 서면
쇳물 펄펄 끓어
에밀레종 같은 바다 하나
빚어질 듯하다가도
달빛에 그만 식어
강철 벌판만 깔린다.


파랑주의보 내린 밤이면
부리 사나운 새들
철판 뜯어
떼지어 수평선 너머로
옮겨가고 벌판에는
깨진 쇳조각들 널려 있어
아우성만 곤두설 뿐
바다는 없다.


여름 낙산사, 새벽예불 시간
검은 산 속 범종소리 들으며
나는 본다.

시꺼먼 물결들을 밀어젖히며
꾸역꾸역 몰려나와, 백사장에 파도 자국 새겨놓고
하늘로 뭉게뭉게 걸어가는 종소리들.

어디선가
새벽이 빠알간 부리로
껍질 쪼는 소리
아홉 겹 강철판에
금가는 소리.

이제 곧 흰 파도 무늬 또렷이 문신한
청동 범종 하나 떠오르리
검푸른 등판에 물결 철썩이며
참된 바다 하나 떠오르리

# 전자우편

박사논문을 끝냈고 최종 구두시험 날짜도 잡혔다는
바다 건너 꽃마을 제자가 보낸 전자편지를 받고
연구실 책꽂이의 셰익스피어 전집을 바라본다
차일피일 봐야지 봐야지 하면서
먼지 뽀얗게 쌓여가는 그득한 다른 책들도 바라본다

창밖으로 교정의 느티나무를 내다본다
어김없이 몰려오던 최루가스
여러 해를 두고 어린 뿌리가 저리고 쓰려
초봄이면 초록 반딧불 같은
햇잎새 끝마다 눈물 맺히더니
어느새 가지 늘어져 그늘 풍성하다

탁자 위에 놓인 참나무 토막이여, 부끄럽다
지난 십년을 너는 그냥 나무토막으로 뒹굴었고
나는 날마다 서슬 퍼런 세월만 비판했다
너도 나도 이제 새싹 틔우기는 가당찮으니

잘 마른 몸을 조각하여

반가사유상 같은 것 말고
천하대장군상 같은 것도 말고
흉터의 새살 같은 둥근 목각상, 뭐랄까
그믐밤에 홍두깨 같은 거 하나
꼭 깎겠노라
전자편지 한통 띄워본다

# 젊은 날 시인의 초상화


네가 멀리서 걸어오던 봄날
천지에 가득하던
감꽃— 환한 향기


그때 네가 쏘아올린 말씀의 꽃불놀이
민들레 씨앗 자욱이 날려— 벌떼들
꽃잎마다 황금독침 빛났거니


핏빛 단풍— 그 어디에
자취라도 있었으랴


무등 타고 연 날리던
폭풍의 언덕
먹구름 바윗장 뚫고
푸른 하늘에 잠깐 솟았던 별꽃들


너의 노래— 물들이는
핏빛 단풍—

젊은 날 그 어디에
자취라도 있었으랴

그 잎새, 그 피
기우뚱기우뚱
방패연 타고 날아간 황금독침 아이들

가지끝에 홍시 몇개
발그레 동상 걸린
섣달 그믐께
자욱이 눈이라도 날려라
벌떼처럼

# 제주도 가는 길

## 1

산허리에 초승달 걸린 저녁
돌담 뒤 그 억새밭 찾아
남해바다 떠도는 섬들 몇이서
바다를 헤엄쳐 건너간다
푸른 도마뱀처럼 찰박찰박

어서 가자
가을밤 제주도는
억새풀 눈부신 섬

## 2

한낮 땡볕인데 불현듯
돌개바람떼 달려들어
파도를 애무한다
물결들 저 먼저 엎어지며
알몸 세워 하얗게 손 흔드니

망망대해 어디 갔나
이제 남해바다 도마뱀들
제주도 갈 일 없어졌다
겨드랑이에 사타구니에도
물보라 자욱이 일어
억새 물결 넘실댄다

# 참새 모이

참새들 시도 때도 없이
떼지어 날아와
왁자지껄 난알 쪼아먹으라고
지난 겨울 동지섣달 바람 찬 마당가에
모이 놓아주었다

스티로폴 흰 접시
바람에 날아가지 않게
돌멩이 하나 지질러놓고
씨앗 가득 담았다
가물에 웬 큰물이냐
십년 흉년에 웬 떡이냐
마구 몰려와 뷔페식으로
배 터지게 먹으라고
남으면 봉지에 싸가지고 가라고

그러나 참새들은
하루 두세 번 출출하면 찾아와
몇알 쪼아 먹고 날아갈 뿐

마당에 낟알들 찬바람 속에
그대로 남아 있다
저녁 무렵 어김없이 날아온 참새들 발길
모이그릇에 잠시 따스하지만
시장기 면하면 미련 없이 날아간다

어제 오후 우리 집 철대문 페인트칠하던 아줌마
마당 귀퉁이에 수북이 부풀어오른
수국더미 보더니만, 어머 저거 수국이네요
한 삽만 떠갔으면 좋겠네요
일당 육천원짜리 품수에
탐스런 꽃송이에나 마음 주는 아낙네
이 아낙의 큰아들은
고3 때 머리 식힌다고 청평에 놀러갔다가
물에 빠진 초등학생 하나 건져주고
심청이 꼴 되었단다

겨울 마당에 먹을 것 수북이 쌓였어도
담장 위에 옹기종기 모여 앉아

깃털이나 고르는 참새 닮은 사람들
이 세상에 시끌벅적 왁자지껄
수국 더욱 탐스럽다

# 탄 생

아내의 자궁에 아기가 들어선 날
죽음도 함께 따라와 누웠다
죽음이 하얀 달걀만큼 자랐을 때
내 아기는 오리알만큼 커 있었다

어느날 초음파로 잡은 아내의
자궁 속 어두운 바다 수평선에
달걀이, 아아, 달같이 지고

오리알에서 아기가
우주인처럼 기어나온다

하혈의 저녁놀 너머
먼동을 향해
내 아들이 밤새워 유영을 한다

# 축복의 신비

바람 쌩쌩 겨울날
가지끝에 흔들리는
대추 한알

그 대추 같은
강서방 강명섭
오랜만에 누구 만나면
늘 받는 인사
어찌 그리 마르셨나
살 좀 찌시게

세숫물 선뜻한 아침
양칫물에 이가 시린 마흔아홉인데
고등학생 큰딸아이
정색하며 한마디―우리 아빠의 매력은
깡마른 그 모습!

우물물 길어 버들잎 띄워주듯
어느새 샘 깊은, 그 녀석 눈망울

태풍 끝자락 소나기 스쳐간 뒤
북한산 이마 불그레 물들인
서녘 햇살 속에
푸릇푸릇
빛나던 대추알들
어느덧—

반쯤 물들어
맛 들었을까

# 태백 가는 길

온종일 볕들지 않는 태백 가는 길
고드름이 한번 새끼줄 늘어뜨리면
골짜기 미끄럼바위는 4월이 와도
녹을까 말까, 그러나 이곳에도
비탈마다 잡목들 자라고 더러는
푸른 소나무도 눈에 띈다
너와집 짓고 약초 기르는 사람들
드문드문 매달려 사는 곳
이 외진 산중에서 만난
가곡중학교 3학년생 정대근
엄마와 누이동생이랑 세 식구지만
도라지꽃이 절벽 기어오르는
태백 가는 길
내년에 삼척고등학교에 꼭 갈 거란다

# 푸른 새

막막한 우주 공간은
물살 거센 암흑의 바다

방사선 자외선 적외선이
세찬 물결 이루어 출렁이는 거기
돛단배처럼 푸른 혹성 하나 떠 있다

그 별에서 날아오르는 비둘기 한마리
사방은 검푸른 물결뿐 앉을 곳 없다

불현듯 회오리바람 불어오면,
그 별 어디엔가 숨어 있을 맑은 샘
뜨거운 모래 속에 금세라도 파묻힐 듯

그러나 무서운 침묵의 우주 심연 뚫고
생명의 푸른 별이 작은 새처럼 날아갈 때
시간과 공간이 물비늘을 턴다

이 작은 새의 붉은 가슴에
독침을 꽂고 있는 우리는 누구인가

# 한  우

플러그, 스위치, 소켓 속에 들어갈
빛나는 구리 부속들
찍고― 자르고― 구멍 뚫기―
어제라 오늘이라
한눈팔 새 없었다
삼백촉 전등 아래
월곡동 전상호 대머리 빛난다
거미야 미끄럼 타라
구리 부속 빛나는 지하실 작업장

호박잎에 후두둑 빗방울 차가운 날
천둥 속에 찬비는 눈꺼풀도 때리는데
음메― 한번 울어보지도 않고
황소 한마리 눈 껌벅이며
이따금 생각난 듯 꼬리 한번 흔들어보곤
그냥 걸어간다
월곡동 전상호 새벽 약수터 간다

첫 울음도 아껴두고 세상 나왔을

언제나 입술 두툼한 천하 순둥이
두꺼비 세 병에 얼굴 붉어지면
트림 섞어 내뱉는 한마디
야 이놈아, 옳은 건 옳고 그른 건 그른 거야
내 학벌은 시원찮아도
기똥찬 선생님한테 인생은 좀 배웠다
그분이 누구냐고
끄면 꺼지고— 켜면 켜지는
스위치 있잖은가, 그 스위치가 내 스승님이시다

찍고— 자르고— 구멍 뚫기—
열다섯에 시작해서
떡국 한 사발 또 먹었으니
뜬구름 엊그제라
마흔다섯 해
오늘일랑 배드민턴 깃털공
때려도— 때려도— 안 나가는— 깃털공—
새벽 하늘에
새인 듯 꿈인 듯 날려보낸다

# 조각보에서 벽화처럼 거대한 피륙으로

김　　광　　규

　1993년에 불혹의 나이를 넘어서면서 첫시집 『색동 단풍숲을 노래하라』를 펴내어 세상을 놀라게 한 문학평론가 김영무 교수가 시인으로의 변신을 다시 한번 확인시켜주는 두번째 시집을 엮었다. 오십 평생의 연륜이 담긴 무게와 늦깎이 신인의 새로움이 어울린 이 시집에서 우리는 1990년대 한국시의 독특한 한 개성을 발견하게 된다. 시인이 겸손하게 언급한 "조선시대 아낙들이 만든 조각보"의 시학이 첫시집에 이어서 여기서도 주도적 동기로 다양하게 변주되고 있다. 빨강색, 주홍색, 노랑색, 초록색, 파랑색, 자투리 헝겊을 모아 조각보를 만들듯, 김영무 시인은 아름답고 참신한 이미지를 통하여 소박한 향토의 서정과 선인들의 지혜, 자연의 순리와 존재의 진상, 환경파괴의 현실과 공동체적 삶의 회복을 노래한다. 이러한 노래의 말과 가락은 그러나 우리의 상투적 기대를 벗어나고 있다.

　　파란불이 켜졌다
　　꽃무늬 실크 미니스커트에 선글라스 끼고
　　횡단보도 흑백 건반 탕탕 퉁기며

오월이 종종걸음으로 건너오면

아, 천지사방 출렁이는
금빛 노래 초록 물결
누에들 뽕잎 먹는 소낙비 소리
또 다른 고향 강변에 잉어가 뛴다

———「아, 오월」전문

참으로 아름다운 오월을 가슴속으로 느끼면서도 머릿속으로
는 언제나 학살의 비극을 생각해온 우리의 관습을 이 시는 가볍
게 깨뜨려버린다. 첫 연의 셋째 행까지 아마도 신세대 아가씨가
"종종걸음으로" 건너오리라 기대했던 독자는 의인화된 '오월'의
등장에 상쾌한 충격을 받지 않을 수 없을 것이다. 뒤이어 둘째
연에서 이 아가씨는 "천지사방"을 정복해버린다. "금빛 노래 초
록 물결"과 "소낙비 소리" 그리고 물위로 뛰어오르는 잉어의 솟
구치는 힘은 바로 젊음의 약동 아닌가. 온갖 생명이 새로운 청
춘으로 충만해지는 오월을 이 시인은 아무런 눈치도 보지 않고
계절 그 자체로 형상화했다. 참으로 오랜만에 아름다운 오월을
———우리들의 "또다른" 오월을——되찾아준 시라고 하겠다.
이 두번째 시집에 실린 많은 작품들이 우리들을 이런 아름다운
"또 다른 고향"으로 초대하고 있다.

이처럼 현상의 본질을 투시하여 참신한 이미지로 다시 형상화
함으로써 독자에게 새로운 시적 인식과 공감을 가져다주는 작품
은 상당히 많다. 예컨대 「가을밤」에서는 "땡볕에 꼬리 곧추세
우고／탱탱히 약이 올랐던 전갈고추들"의 "배를 갈라, 황금씨
앗／태양의 정자들을" 별빛 흐릿한 하늘에 뿌린다. '곧추'와 '고
추'의 음향적 유사성과 전갈처럼 꼬리가 꼬부라진 형상의 상관

성, 그리고 '땡볕에 약이 올랐던' 고추의 "황금씨앗"을 "태양의 정자"로 비유한 유추성은 형상화의 기량을 현란하게 보여주고 있다. 「저녁 바다, 아침 바다」에서도 시간의 진행에 따라 모습을 바꾸는 바다의 형상을 다양하게 포착하고 있다. 소위 90년대 시인들 가운데서 세기말의 특권이라도 되는 듯 문법을 무시하고 언어를 해체하면서도 정작 시적 진술의 성과를 얻는 데 실패한 경우가 적지 않음을 상기한다면, 이 늦깎이 시인의 솜씨는 탁월한 성취로 일컬어 마땅하리라.

다양한 형상을 통하여 진술되는 내용을 한두 마디로 요약할 수는 없다. 그러나 시집 전체를 관류하는 큰 가닥을 잡을 수는 있다. 예컨대 향토적 서정을 그 하나로 꼽을 수 있을 것이다. 전 국토가 도시화 양상을 보여주고 있는 오늘날 향토적 서정이란 자칫하면 회고취미로 오해받기 쉬운데, 김영무 시인의 경우에는 항상 삶의 일상적 현장과 밀착되어 있다. 「김장철 아침」에 무우를 가득 싣고 달려가는 "용달차 뒤를 따르다 보니", "꼬리를 일제히 뒤로 한 하얀 무우 궁둥이가 / 영락없는 돼지 궁둥이"로 보이기도 한다. 혼잡한 도심의 교통을 헤치고 가면서도 "어디선가 개울물 똘똘 흐르고 / 박꽃 같은 까치울음" 소리를 듣는 것은 현실과 동떨어진 상상이 아니라, 아마도 아파트촌에서 태어나 성장하지 않은 세대의 모든 도시인들이 한결같이 품는 그리움일 것이다. 고향이 이제는 부동산 투기로 들끓는 도시의 변두리가 되어 기억속으로 사라져버렸다 해도, 그리워할 시골의 맛과 소리와 풍광을 간직한 사람은 행복하지 않을까.

    된장국 산채나물 막걸리 마신 뒤
    개울물소리 헤치고, 밤길 따라 헛발 디디다가
    논둑길 하나 넘으니, 눈부셔라! 개구리 울음소리

네 유년을 물수제비뜨는 소리—

——「남한산성의 밤」 부분

「남한산성의 밤」에 시적 자아는 유년시절에 겪었던 그 순수한 어둠을 본다. 전깃불에 오염되지 않은 캄캄한 밤에 비틀거리며 "논둑길 하나 넘으니", 개구리 울음소리가 눈부시게 들려온다. "눈부셔라!"는 과장된 공감각적 표현이 아니다. 우리들 인생의 새벽, 유년시절의 눈부신 여명이 되살아나는 순간이다. 이러한 아름다운 순간은 "물수제비"뜨듯 지나가버리지만, 삶이 저물 때까지 마음을 밝혀주는 고향이 된다. 고향은 태어나서 자란 곳, '어머니'가 살아 있던 곳이다.

춘분 가까운 아침인데
무덤 앞 상석 위에 눈이 하얗다

어머님, 손수 상보를 깔아놓으셨군요
생전에도 늘 그러시더니
이젠 좀 늦잠도 주무시고 그러세요
상보야 제가 와서 깔아도 되잖아요

——「어머니」 전문

첫시집의 첫번째 시 「다듬잇돌」에서 시인에게 삶과 역사와 문학의 젖줄이 되었던 어머니가 여기서는 자연의 모습으로 현현된다. 어머니의 "무덤 앞 상석 위에" 하얗게 내린 봄눈을 보고 시인은 생전의 어머니가 베풀었던 자상한 손길을 느낀다. 어머니가 돌아간 자연, 그 자연의 현상이 이제는 어머니처럼 다가온다. 온갖 존재의 어머니라 할 수 있는 자연의 섭리를 선인들은 그대로 받아들였다. "감꽃 필 때는 올콩을 심고／메주콩은 감꽃 질 때 뿌리느니라"(「과학」)는 농사의 지혜는 자연의 순리를 따른 세시기에서 터득한 과학이었다. 그리고 이러한 과학은 실제의 생활에 소박하게 이용될 뿐, 폭력적 이익을 추구하는 데 동원되지 않는다. "하루 두세 번 출출하면 찾아와／몇알 쪼아 먹고 날아갈 뿐／(…)／시장기 면하면 미련없이 날아"(「참새모이」)가는 참새처럼, 과욕이 없는 삶을 여유있게 누렸던 인간의 위엄을 되찾고 싶은 소망이 은연중 나타나 있다. 이러한 삶의 자세는 어쩌면 죽음을 일찍부터 인생의 당연한 귀결 내지는 초월의 양식으로 받아들였기 때문인지도 모른다. 유년시절에 아궁이 속에 불을 때면서 들여다보던 불빛이 자연스럽게 인생의 황혼으로 연결되기도 한다.

이삭 덜 털린 볏짚 쑤셔넣으면
아, 빠알간 비단 펼쳐지고
매화꽃들 별처럼 터지던
어린시절의 아궁이 속—

내일은 누가
저녁놀 속에 나를 던져

어느 밤하늘에 샛별 뜰까

——「아궁이 속」 전문

아름답기조차 한 활력으로 타오르던 불길이 하늘에 번지는 저녁놀로 바뀌고, 불속에서 이삭들이 팝콘 튀듯 터지는 광경을, 빠알간 비단에 별처럼 박힌 매화꽃 무늬로 바라보면서, 매화꽃들의 꿈이 '밤하늘의 샛별'로 뜨기나 바라는 달관으로 원숙하게 변용될 때까지 한평생이 걸린다 해도 과언이 아닐 터인데, 여기서는 간략한 시행들 속에 담겨 있다. 4행으로 구성된 첫 연이 반씩 줄어서 셋째 연은 1행이 되고, 넷째 연은 없다. 언젠가 스스로 없어진다는 두려움을 이 시인은 종교적으로 극복한 것일까. 그러나 자기 혼자만 남고 남들이 모두 사라져버리는 것, 공동체의 삶, 인간과 자연의 공존이 불가능해지는 것에 대해서는 남다른 우려를 표명하고 있다.

이삿짐 나가고
텅 빈 방이
말할 때마다
우르르르 울린다

품고 있던 자식들
하나 둘 날아가면
깃털 몇개 흩어진
가슴속 빈 마루만
우르르르 울리려니

귀뚜라미, 흰눈썹황금새
모두 사라지고
대동강, 다뉴브강의 푸른 물결
꺼멓게 썩어
지상에 사람만 남고
잉어와 메기도 철새 따라
흰 구름 너머 이사간 날

지구는 메아리도 없이
우르르르 어이 우나

——「이삿날」 전문

　'이삿날' 살던 사람과 가득했던 가구들이 모두 옮겨나간 뒤
"빈 마루"에서 느끼는 공허감이 황폐한 지구로 외연된다. 환경
오염으로 인하여 벌레도, 새도, 물고기도 모두 사라지고, 강물
은 썩어버리고, 오염의 주인공인 인간만이 지상에 남게 된 날,
존재와 삶이 무슨 의미를 가질 것인가. 이를테면 말세가 오기
전에 존재의 의미를 천착하고 삶의 현실을 바로 잡아야지, 그
다음에는 일체의 시도가 무위로 되고 만다. 이러한 경세의 메시
지가 '금강경의 어법을 본따서' 씌어진 「조선교회에 보낸 예수
님의 셋째 편지」에서도 극명하게 나타나 있다. "낙동강물이 썩
고 또 썩어/사람이 마실 수 없는 죽음의 물이 된 것", "포도나
무 찍어낸 자리"에 "발암물질 독극물로 오염"된 골프장이 생겨
"새들 날아와 가지에 둥지 틀고 새끼 치는/커다란 나무 될 겨
자씨 하나 못 사는 땅"이 된 것을 개탄하면서, 예수님의 편지는
다음과 같이 경고한다.

아름다운 초록별 지구가 지금
십자가에 못박혀
신음하는 저 소리,
저 소리가 들리지 않느냐
　　　　(중략)

보아라, 낟알 속에 타오르는
내 생명의 저 푸른 등잔들—

*118*

그 불씨 살리는 자, 더욱 많이 받아
큰 수확 거둘 것이나
그 불씨 꺼뜨리는 자, 나를 잃어
가진 것마저 빼앗기리라

  빛과 물과 흙이 어울려 오랜 세월을 두고 이룩해낸 "아름다운 초록별 지구"로부터 생명의 불씨를 꺼뜨리는 자가 수많은 순교 자를 낸 "조선땅의 선남자 선여인들"이 되어서는 안 될 터이다. 불경의 어법을 본따서, 사도 바울로의 서간문 형식으로 쓴 예수 님의 편지라는 독특한 형식과 제목이 이미 시사하고 있듯이, 이 시편은 종교적 차별성에 대한 근본적 관용을 그 「…둘째 편지」 에서 이렇게 설파한다.

석가세존이 들어올린 연꽃 한송이 그 깊은 속뜻
얼른 깨달아 알아차려 빙그레 엷은 웃음 웃으며
수행길 탁발길에 나선 마하가섭 같은 사람
갈릴레아 호숫가에 또 하나 있어
붕어 망둥어 건져 올리다가
어린양이 걸어오는 것 멀리서 보고
염화시중의 미소라
그물 내던지고 사람 낚는 어부 되겠다고 냉큼 나선 뒤로,
조선땅에서 네가 갓 쓰고 도포자락 휘날리며
나를 따라나서 첫 신부 되었을 때,
착하고 착하다 안드레아여,

  "우주만물의 근원이신 하눌님"의 "그 깊은 속뜻"을 깨달아야 한다는 근본원리에서 불교와 크리스천 신앙의 큰 차이가 없음을

알아차린 시인은 "갓 쓰고 도포자락 휘날리며" 조선땅에서 첫 신부가 된 김대건 안드레아의 형상을 빌려 동양과 서양의 이분법적 차별마저 격파하고 있기도 하다. 「…첫째 편지」에서 "연화대 불길 속에 미련없이 사라진" 성철 스님의 입적에 견주어 용인 천주교 묘지에 있는 주교들의 무덤이 지나치게 큰 것을 민망해한다든지, 「…둘째 편지」에서 미주대륙의 백인 정복자들이 이교도 원주민에게 자기들이 저지른 독선과 만행에 대하여 사죄했다든지, 천주교를 박해한 대원군까지도 "무릎 꿇려 한바탕 야단쳐주고／막걸리 호리병이라도 함께 기울이고" 싶다든지 하는 대목들이 모두 그 예가 될 수 있겠다. 종교의 궁극 목표는 "如來의 씨앗들 싹 틔우는 길"로 이끄는 것이며 그 가르침을 깨닫고 실천하는 것이 중요하다는 생각이다.

이 '편지' 시편들은 다른 작품들과 대비하면, 그 형태에서 활달한 자유시의 구조를 지니고 있고, 우리의 옛 가사문학의 메아리를 배음으로 깐 그 어조가 장중하며, 형상이 다채롭고, 내용이 심오하다. 어떤 종교를 선양하거나, 특정 교리를 설교하는 것이 아니라, 인간에게 깊고 폭넓은 영향력을 행사해온 종교적 가르침의 근본을 보여주면서, 우리의 현실을 지구가 당면한 문제와 결부시켜 각성을 호소하고 있다. 이 메시지는 영문학을 전공하는 한국 시인이 동서양의 정신과 문물의 자장을 넘나들면서 지천명의 나이에 획득한 하나의 진테제(synthese)가 아닐까 생각된다. 김영무 시인의 두번째 시집은 여기까지 도달한 것이다. 시인은 자신의 작품을 "자투리 조각보"라고 겸사하고 있지만, 이 '편지' 시편들을 발단으로 그의 시세계가 벽화처럼 거대한 피륙으로 펼쳐지리라 예감된다.

# 후          기


조선시대 아낙들이 만든 조각보들이 요즈음 나를 강렬하게 사
로잡는다. 쓰다 남은 자투리 천들을 모아 폐품으로 무지갯빛 무
늬의 보자기를 만들어 이불도 싸두고 밥상도 덮곤 하던 무명의
손길들의 솜씨와 마음씨가 눈물겹다. 개천의 미물인 벌레들마
저 행여나 뜨거운 물에 데일세라 개숫물도 식혀서야 버렸던 아
낙네들, 그들이 바로 조선시대 조각보의 창조자들이었다는 사
실은 결코 우연일 수 없을 터. 요즈음은 과잉생산, 과잉소비,
과잉섭취, 과잉배설의 시대라, 온갖 것이 탐욕과 권력에의 의
지로 충만하니, 본질에 있어서 꿈의 담론이요 창조담론인 문학
마저 그 아름다운 또 다른 고향을 등지고 말았는가.

이런 때일수록, 버려진 자투리 천을 아껴서 현대적 추상화에
못지않은, 혹은 성당의 색유리 그림처럼 눈부신 예술을 재생해
낸(recycling) 이름없는 아낙네들의 투명한 창조정신이 값진
것 아니랴. 늦깎이로 시를 쓰기 시작한 이래, 주위에서 이웃들
이 무심히 던진 말마디들을 귀담아 아껴 들어서 조각보를 만드
는 심정으로 되살려본 시들이 이 두번째 시집에는 여럿 들어 있
다. 때늦게 발을 들여놓으니 낯익어 더더욱 낯선 이 길,

　가자 가자
　쫓기우는 사람처럼 가자
　백골 몰래

아름다운 또 다른 고향에 가자

창비는 내게 늘 고향의 너그러움이다. 평론집 하나, 두 권의
번역, 이제 시적인 응석마저 받아주니, 몸 둘 곳을 모르겠다.
우정어린 발문을 써주신 김광규 시인께도 고마움뿐이다.

1998년 여름

김  영  무

창비시선 178

## 산은 새소리마저 쌓아두지 않는구나

초판 1쇄 발행 / 1998년 8월 5일
초판 2쇄 발행 / 2022년 3월 10일

지은이 / 김영무
펴낸이 / 강일우
펴낸곳 / (주)창비
등록 / 1986년 8월 5일 제85호
주소 / 10881 경기도 파주시 회동길 184
전화 / 031-955-3333
팩시밀리 / 영업 031-955-3399  편집 031-955-3400
홈페이지 / www.changbi.com
전자우편 / lit@changbi.com